AF249306

DU CLÉRICALISME

ET DES

MOYENS DE LE TERRASSER

PAR

PIERRE DES PILLIERS

Ancien prêtre et bénédictin de Solesmes (Sarthe), fondateur
et premier supérieur de l'abbaye d'Acey (Jura).

CONFÉRENCE DONNÉE :

1° à Marseille, au cercle *Bellevue*, en février 1882.
2° à Toulon, au Musée, le 2 mars suivant.
3° à La Ciotat, au cercle de la *Fusion chorale*, le 8 avril.
4° à Mèze, au théâtre, le 6 mai.
5° à Lyon, diverses fois, en 1883.
6° à Moulins, au Théâtre.
7° à Montluçon, à l'Hôtel de Ville.
Et dans maintes autres localités.

5ᵉ ÉDITION

LONS-LE-SAUNIER

IMPRIMERIE ET LITHOGRAPHIE CONSTANT VERPILLAT

MDCCCLXXXIV

DU CLÉRICALISME

ET DES

MOYENS DE LE TERRASSER

———— ·»»×«·· ————

Citoyennes et Citoyens,

Le conférencier que vous allez entendre est loin d'aspirer à la réputation d'orateur. Ce qu'il ambitionne avant tout, par-dessus tout, même à l'exclusion de tout, c'est de vous dire ici, c'est de publier ailleurs, c'est de répéter à jamais, jusqu'à son dernier soupir, ce que, dans sa conscience inspirée, éclairée et formée irrésistiblement par une longue expérience et par les réflexions de son intelligence, aujourd'hui dégagée avec soin de toute entrave, il croit être à ses yeux la vérité.

La vérité, son amour sacré, tel est le sentiment qui m'anime et qui, j'ai le droit d'en être fier; ne m'a jamais quitté, pas même un seul instant de ma vie.

Amant passionné de la vérité, je la cherchai dans mon adolescence au petit séminaire, et dans ma jeunesse au grand séminaire et pendant mon vicariat, en feuilletant mes livres de théologie, ou d'exégèse, ou d'histoire, ou de patrologie. Or ce fut encore elle, exclusivement elle, entendez-le bien, que je cherchai dans toute la force de ma virilité, jusqu'au sein du monachisme, entre ma vingt-cinquième et ma quarante-troisième année. Enfin ce fut elle et sa sœur la justice qui seules me portèrent, dès cette époque, à sacrifier tout un avenir de jouissance et de tranquilité, pour me vouer à une vie inimaginable, et de persécutions de la part de ceux que je désertais par conscience, et de luttes que je dus soutenir *seul* contre leur légion formidable, usant de *tous* moyens pour me rendre inique avec eux. Ces persécutions atroces, incessantes, inouïes, ont duré vingt-cinq ans, tout un quart de siècle ! Oh ! cela se compte en une vie d'homme. Elles commencèrent au printemps de 1854, pour se terminer au printemps de 1879 quand mon vénéré compatriote et député, tant aimé dans le Jura, tant estimé des bons Français, tant respecté des étrangers, remplaça le suppôt du cléricalisme à la présidence de la République. Aujourd'hui, mes persécuteurs ne me traquent plus devant les employés du gouvernement — ils y perdraient leur peine et leur temps — mais mes luttes ne prendront fin qu'à ma mort, car elles sont pour moi le plus sacré de tous mes devoirs. (*Salves d'applaudissements.*)

Si donc, pendant vingt ans et plus qu'a duré ma carrière sacerdotale, il m'est arrivé d'enseigner nombre d'erreurs aux multitudes dont ma double profession de prêtre et de moine accaparait aisément la confiance, aujourd'hui j'en éprouve un regret profond ; mais j'ai la consolation de sentir que ce regret n'est mélangé d'aucun remords.

Trompé par l'enseignement d'une Eglise immorale et menteuse, à la sainteté, comme à l'infaillibilité de laquelle on avait si bien formé ma conscience à croire, avant que ma raison ne fût en état de se défendre elle-même et de sauvegarder son inviolabilité propre, il m'aurait fallu, par un doute envisagé de moi comme emportant l'éternelle damnation, forfaire à ma conscience oblitérée ainsi par l'erreur, pour en venir à suspecter l'amour paternel et surtout maternel me mettant le catéchisme en mains dès l'enfance, ainsi que la bonne foi de l'instituteur me le faisant réciter de mémoire, également la science et la sincérité du curé si vénéré qui me l'expliquait à l'église, et, plus tard, celles de mes professeurs du petit et du grand séminaire, avec celles des évêques et du pape obéis par le grand public d'alors, adulés par les grands, et si largement payés par les gouvernants prosternés *à plat ventre à leurs pieds ! (Bravo ! bravo)!* Comment aurais-je pu, moi, pauvre innocent à peine entré dans la vie, et n'aimant que le vrai, le bien, le juste, imaginer que tout ce que je voyais autour de moi se trouvait dans le faux en me donnant, comme éclaircurs infaillibles et directeurs *naturels* ou *surnaturels* de l'humanité, ceux que je sais de science certaine, aujourd'hui, n'en être, hélas ! que les éteignoirs et les trompeurs ? *(Applaudissements enthousiastes.)*

Et lequel de vous, citoyens élevés dans le catho-

licisme romain, n'a pas été trompé comme moi ?
Nous n'avons point sujet d'en rougir. L'erreur invo-
lontaire est imputable à l'imposteur seulement qui
l'a produite, et non pas à sa victime acceptant de
bonne foi ladite erreur. Nous avons tous été plus
ou moins longtemps, plus ou moins gravement les
victimes du grand audacieux que son impiété porte
à se faire adorer de l'univers dont il ose, ô comble
d'orgueil ! se proclamer l'infaillible chef. C'est qu'il a
su, dans ce but, établir et maintenir parmi les divers
gouvernements du globe un milier de ses grands suppôts, les évêques, avec un demi-million de suppôts
subalternes, les prêtres et les moines, renforcés d'une
armée incalculable de femmes embéguinées, qui
savent trop bien à leur tour, citoyens, embéguiner
au moral, c'est-à-dire idiotiser contre vous la plupart
de vos femmes et de vos filles ! Pardon, estimables
citoyennes qui m'écoutez, votre présence ici nous
prouve abondamment que vous n'appartenez pas à
la dévote et néfaste engeance, et je vous en félicite,
ainsi que vos maris, de tout mon cœur. Aidez-nous
de votre influence à rendre au plus vite à la
raison, au bon sens, au devoir envers leur
famille et la société, ces femmes trompées, fascinées
à leur insu par le cléricalisme et ses adroits agents,
masculins ou féminins, et vous contribuerez de la
sorte à relever grandement l'honneur de votre sexe.
(Bravo! bravo! sur tous les points de la salle.)

Or, citoyens, ayant tous été les victimes du colos-
sal éteignoir qui nous a privés, dès l'enfance, injus-
tement de la lumière ou de la vérité produisant la
liberté, ce nous est un devoir de conservation de
nous unir pour nous défendre avec succès. De plus,

ayant fait aussi nous-mêmes, bien que sans mauvaise intention, quelques victimes de nos propres
erreurs en les répandant autour de nous, ce nous
est un devoir rigoureux de justice à remplir que
de réparer ces enseignements erronés d'autrefois
par la plus ample diffusion des doctrines de vérité,
puisque ce sont les doctrines, bonnes ou mauvaises,
qui mènent le monde. Eh bien, c'est précisément ce
devoir-là qui m'amène aujourd'hui dans cette
enceinte.

Aussi je vous laisse à juger si je dois me sentir
heureux de parler dans une nombreuse assemblée
où ne sont venues que des personnes éprises comme
moi du saint amour de la vérité, sous le patronage
de citoyens qui, voulant manifester publiquement
cet amour, ont su donner à leur féconde et libérale
association ce titre assurément glorieux de « *Société
de la Libre-Pensée.* » (1)

Oui, certes, la liberté de la pensée est la condition
sans laquelle on ne saurait arriver sûrement à la
vérité. Si l'on bâillonne un tant soit peu ma pensée,
aussitôt l'on détruit ma conscience ou mon être
intellectuel et moral. Je cesse alors d'être un homme
intelligent et libre, et ne suis pas même un esclave,
ou le dernier des parias de l'Inde — eux du moins
peuvent penser librement — je suis moins qu'un
animal suivant en liberté l'attrait de ses instincts,
je deviens une simple machine inerte à la merci de
celui qui m'a privé de mon intelligence en m'impo-
sant ses dogmes absurdes, qui m'a privé de ma

____

(1) La dernière moitié de cet alinéa n'a, comme il est aisé
de le comprendre, été prononcée, à Toulon et ailleurs, que
dans les cercles de la *Libre-Pensée.*

conscience en se chargeant de la diriger infailliblement, qui m'a privé de mon arbitre en le soumet-
tant aux caprices, aux volontés de maîtres absolus.

Voilà pourtant, citoyens, ce qu'avait fait de l'Europe, et de plusieurs contrées de l'univers, ce cléricalisme odieux que M. Gambetta stigmatisa si bien,
le 4 mai 1877, quand il dit de lui : « *C'est l'ennemi !* »
(Très-bien ! Très-bien !)

Puisqu'il est *l'ennemi,* c'est donc contre lui que je
vous invite à marcher très-résolument avec moi,
citoyens. N'imitons pas ces singuliers républicains,
ces prétendus amis du progrès qui, pour pallier
leur indolence ou pusillanimité, peut-être aussi,
que sais-je ? une complicité secrète, intéressée avec
ledit ennemi, se drapent, d'un air de dédain qu'ils
croient splendide et qui fait simplement pitié, dans
le manteau si facile à porter de l'indifférence, en
disant naïvement du cléricalisme : « *Il se détruira
bien de lui-même !* »

En réalité, ces indifférents, qui sont simplement
des lâches fuyant le combat, font le jeu du cléricalisme à merveille. Ils sont, je vous l'assure, ou for-
tement aveuglés, ou grandement coupables.

Pour nous, pesons ces vers si judicieux du Dante :

« Oltracodante razza, che s'indraca

« Contro chi fugge, ma a chi mostra

« Il dente, dove la borsa, com'un' agnello si placa. »

« Race outrecuidante se dressant contre qui fuit,
« mais s'adoucissant comme un agneau devant qui
« lui montre, ou la bourse, ou la dent. »

Depuis trop longtemps, citoyens, nos ancêtres et
nos contemporains, surtout la femme dévote à sa
merci pour toutes ses passions, ont apaisé le cléri-

calisme au moyen de leur bourse ; il faut en venir
bien vite à ne plus lui montrer que la dent, n'est-ce
pas ? Mais que la dent lui soit terrible ! (*Bravo.*)

Et, maintenant, j'entre en matière.

Pour mettre à la fois de la suite et de la clarté
dans mon sujet, je le divise en trois points :

1° Définition du cléricalisme et son opposition au
christianisme ;

2° Son origine et ses développements durant
seize siècles ;

3° Moyens efficaces ou pratiques d'en triompher.

PREMIER POINT

Définition du cléricalisme et son opposition au christianisme.

1° Qu'est-ce, en réalité, que le *Cléricalisme?*

Ce mot n'est pas dans Littré. Cependant le mot
Clérical y figure, et Littré le définit :

1° Qui est *propre aux ecclésiastiques ;* 2° qui est
favorable au clergé, à l'Eglise.

Cette définition est trop vague et ne nous apprend
vraiment rien. J'ai donc eu recours à Larousse. Or,
il définit ainsi le *Cléricalisme* : « *Opinion favorable
au clergé.* » Je tiens pour fausse une définition
pareille. On peut avoir sur des points spéciaux une
opinion favorable, et même exceptionnellement favorable au clergé, sans être en rien clérical. Je suis
forcé, par mon expérience ou mon impartialité, de
conserver à son égard plusieurs opinions très-favo-
rables. Par exemple, est-il sur terre une profession,
un corps social dont les membres exercent tous,
vis-à-vis les uns des autres, une aussi fraternelle

hospitalité que celle universellement pratiquée entre les prêtres séculiers, comme entre les divers moines de n'importe quel Ordre? En tenant cette exceptionnelle hospitalité pour très-louable, est-ce que, pour cela, je suis un clérical? Je ne suis que juste.

Ainsi, Larousse a mal défini le cléricalisme.

Je vais vous donner de ce mot une définition tout au're, et dont la justesse éclatera, je l'espère, aussitôt à vos yeux.

Le cléricalisme est l'esprit clérical. Mais l'esprit clérical, c'est l'esprit dominateur du haut clergé sur l'univers entier. Je dois expliquer cette définition en la développant. J'appelle *haut* clergé le pape et les évêques, par opposition au *bas* clergé, les simples prêtres. Ils forment ensemble le clergé *séculier* ou vivant dans le *siècle*. On peut aussi ranger dans le *haut* clergé les supérieurs-généraux d'Ordres religieux, les abbés crossés et mitrés des monastères, formant, avec leurs inférieurs, le clergé dit *régulier*, parce qu'il vit sous une *règle* et dans un monastère, au lieu d'être au milieu des civils. Eh bien, l'esprit clérical, c'est l'esprit de domination qui porte le pape, les évêques, les généraux d'Ordres et les supérienrs de monastères, autrement dits les chefs du clergé *séculier* et *régulier*, à créer à leur profit le pouvoir suprême, universel, non-seulement au spirituel, en subjuguant la conscience et l'intellect, mais encore au temporel, en se donnant expressément pour les maîtres du monde et se plaçant, de la sorte, au-dessus des peuples et de leurs gouvernements, peuples dont les lois n'ont de force et de légitimité, pour ce clergé dominateur, que s'il les a sanctionnées lui-même. Afin d'arriver à l'obtention de ce pouvoir universel, le cléricalisme a su profiter de *tous* les moyens. Je les résume ici par ces quatre mots latins : « *per fas et nefas.* » Moyens honnêtes ou malhonnêtes, légitimes ou illégitimes, humains ou cruels, n'importe ! il a pris tout ce qu'il croyait en état de l'amener au but ; et c'est ce que je vous dirai dans mon second point, quand je vous exposerai les développements de ce pernicieux phylloxéra de la société de nos jours.

2° J'en viens à l'opposition qui règne entre le cléricalisme et le christianisme, afin de montrer dans quelle illusion l'on tombe en les confondant.

Oui, certes, il est des esprits ignorants ou prévenus, des tempéraments extrêmes, des caractères violents, emportés, fanatiques de la négation absolue aussi tranchants que ceux de la crédulité, plus intolérants encore et bien autrement superficiels, qui se précipitent aveuglément, et de parti pris, dans cette incroyable méprise et contradiction.

Eh quoi ! si le christianisme est l'antipode absolu du cléricalisme, et s'il est en tous points favorable à notre devise républicaine, liberté, égalité, fraternité, tandis que l'autre en est la négation, comment peut-on confondre ainsi deux systèmes opposés, dont l'un nous appuie et l'autre agit contre nous de tout son pouvoir ? Le premier, par essence, est notre ami ; le second, par nature, est notre irréconciliable ennemi. Si nous les mettons au même sac, celui du mépris, nous nous montrons simplement des ingrats envers le premier qui nous a fait tant de bien, des insensés à l'égard du second dont nous maltraitons l'ennemi, qui toutefois est.

notre auxiliaire. Il est de notre devoir de faire à
jamais disparaître ici cette confusion.

Pour cela, je vais établir avec clarté ce qui diffé-
rencie à tout jamais ces deux antipodes.

Ils diffèrent sous le triple rapport de la liberté,
de l'égalité, de la fraternité. Suivez-moi, je vous
prie.

Esprit de domination universelle en faveur du
clergé supérieur et de ses divers suppôts, ecclésiastiques ou laïcs, le cléricalisme est contraire à la
liberté des individus comme à celle des peuples. Il
confisque en sa faveur la liberté de la pensée et celle
de la conscience. Il veut que l'on soumette avec
naïveté sa pensée aux dogmes qu'il a fabriqués pour
abêtir l'intelligence humaine, et qu'on se laisse, en
aveugle-né, diriger par ses ministres, dont les décisions sont à peu près toujours dictées par l'esprit
d'intérêt. La conscience individuelle est lettre absolument morte à ses yeux. Je vais le prouver.

Me trouvant à Rome en 1857, j'y voyais, le 21
novembre, à deux heures du soir, M. Bizarri, se-
crétaire de la Congrégation des évêques et réguliers,
archevêque *in partibus* de Philippes, représentant
du pape. Après une discussion fort vive entre ce
prélat et moi, je m'avisai de lui demander s'il était
des cas où, pour un très-grand bien, il fût permis
de sacrifier sa conscience. Il me répondit :

— Cela n'est *jamais* licite.

— Eh bien ! fis-je alors, je l'aurais sacrifiée en ne
venant pas à Rome informer Sa Sainteté que mon
évêque et mon abbé veulent spolier les souscripteurs
à la fondation d'Acey, puis me faire ainsi conniver
moi-même à cette iniquité.

— Non, non, dit le prélat, l'on ne peut sacrifier sa conscience en nul cas ; mais vous, prêtre et religieux, ne devez en avoir d'autre que celle qui vous est formée expressément par vos supérieurs, l'évêque et l'abbé, puis, en cas de conflit, par le Saint-Siége.

En vain répliquai-je aussitôt qu'en acceptant la direction de l'inique abbé de Solesmes et de son complice, l'évêque de Saint-Claude, immédiatement je sacrifiais ma conscience ; il s'emporta violemment et me dit :

— *Mala testa !* Mauvaise tête ! Et que venez-vous donc chercher auprès de la sainte Eglise à laquelle vous refusez le droit de diriger votre conscience ?

— Elle n'a pas besoin de direction, ma conscience, au sujet de ces deux prévaricateurs mitrés ; elle est déjà trop éclairée, et rien ne la changera. Ce que je suis venu chercher ici, c'est la justice. Elle m'est strictement due, et vous me la refusez.

— Assez, impertinent ! Vous êtes un autre Luther !

Voilà, citoyennes qui frémissez d'indignation, citoyens qui soupirez après la justice et la moralité, le cas réel que le cléricalisme a toujours prétendu faire, en faveur de ses intérêts mondains, de toute conscience honnête. On vous la confisque en prétextant le droit de la diriger.

Quant aux libertés publiques, celles de la presse et de la parole ou de l'enseignement, dans les pays qu'il a dirigés sans conteste, où donc le cléricalisme a-t-il bien voulu les tolérer un seul instant ? Il a sans cesse, et partout, poursuivi la liberté, toutes les libertés. Le cléricalisme est l'ardent ennemi de la liberté, parce qu'il déteste la vérité.

Mais en est-il ainsi du christianisme ?

Oh ! non, certes, mille fois non. Le christianisme, au contraire, est l'ami de la liberté par la vérité. Voici ce que dit le Christ (Jean VIII, 32) : « *La vérité vous rendra libres* ». Ce même Christ défend qu'on mette la lumière sous le boisseau ; mais il veut qu'on la place en un endroit élevé de la chambre, afin qu'elle éclaire aussitôt tous ceux qui y entrent.

Voici donc le contraste : éteindre avec soin la lumière et proscrire avec autant d'ardeur la vérité qu'il en met à fabriquer le mensonge et à le répandre au loin, tel est le fait du cléricalisme ! Amener à la liberté par la vérité, répandre à profusion la lumière et la clarté, tel est celui du christianisme !

. Passons à l'égalité.

Que fait, sous le rapport de l'égalité, le cléricalisme ?

Il la détruit de fond en comble, en théorie et pratiquement.

Partout il a divisé le monde en *dominateurs* et en *dominés*.

Sous le rapport prétendu religieux, ou spirituel, se trouvent, d'un côté, le pape infaillible et les évêques, avec les généraux d'Ordres et les abbés crossés et mitrés des monastères d'hommes ayant, prétendent-ils, mission. d'enseigner souverainement l'humanité, comme aussi de la diriger avec empire et sous peine de damnation pour les récalcitrants. Se trouvent, d'un autre côté, les simples prêtres et les fidèles, tous obligés d'accepter la doctrine et les ordres des premiers composant l'Eglise infaillible, enseignante, au lieu que le demi-million de prêtres et les cent soixante millions de fidèles sont autant d'esprits idiotisés, de consciences éteintes, de libertés enchaînées, formant l'Eglise *enseignée,* ou mieux, *abêtie* et *servile*.

Sous le rapport temporel, le cléricalisme a rétabli les catégories sociales du paganisme antique. Au point culminant, sur le trône, est assis un prince, empereur ou roi, qu'entourent les grands, ses flatteurs et séides. Au bas, sont prosternés les petits, formant la *vile multitude* et qui tremblent d'enfreindre un iota des volontés arbitraires du Maître et de ses terribles suppôts. Voilà comment le cléricalisme est l'ennemi juré de l'égalité.

Que fait, au contraire, expressément le christianisme ?

Ecoutez le Christ lui-même (Math. XX, 25 et 26) :
« *Vous savez que les princes des nations les domi-* « *nent et que les grands les traitent avec empire. Il* « *n'en doit pas être ainsi parmi vous.* »

Est-ce clair ? Nul homme agissant en *dominateur* n'est le disciple du Christ. C'est un *anti-chrétien,* c'est-à-dire un *clérical*. Le Christ veut absolument l'égalité de tous.

Quant à la fraternité, que fait le cléricalisme ?

Admet-il que chaque fidèle aille avec simplicité donner à son curé le titre de *frère ?* et que le prêtre à son tour, vicaire ou desservant, curé même ou chanoine, et jusqu'à l'archiprêtre ou vicaire-général, qualifie ainsi de *frère* ou d'*égal* son évêque ? enfin, que l'évêque, ou l'archevêque, ou même le cardinal, traite aussi le pape en confrère et sur le pied de l'*égalité fraternelle ?* Allons donc ! Un gros curé-doyen de France, ayant été reçu par Pie IX en audience particulière et croyant pouvoir se délasser de sa haute ascension au Vatican en s'asseyant sur une chaise en face du pape, a vu tomber l'illusion qui lui faisait croire à la fraternité, quand le pape agita silencieusement sa sonnette et qu'un majordome, accourant aussitôt, dit à l'oreille, à ce doyen, que l'audience était terminée et qu'il fallait déguerpir.

— Mais, fit le doyen, je n'ai rien dit encore à Sa Sainteté de ce qui m'amène auprès d'Elle.

— On ne parle qu'à genoux, ou debout s'il daigne autoriser cette posture, au vicaire de Dieu sur terre, au Maître des empereurs et des rois. Vous avez outragé le pape en vous asseyant devant lui.

— Je veux réparer, je veux m'humilier et demander pardon.

— Il n'est plus temps ; maintenant, l'audience est finie, et je vais introduire un autre visiteur.

Le gros curé de France avait cru, citoyennes et citoyens, à la *fraternité*. Combien de ses pareils sont encore aujourd'hui dans la même illusion !

Le cléricalisme admet-il aussi que le paysan et la paysanne disent *frère* ou *sœur* au noble châtelain, à la noble châtelaine dont ils cultivent les terres, et que le noble ose aussi qualifier le roi de *frère* et d'*égal* ? Non, mille fois non, les roturiers ne sont pas les *frères* des nobles, bien moins sont-ils les *frères* des rois. Nobles et roturiers, deux classes inégales, loin d'être avant tout les *frères* du roi, n'en sont que les *sujets asservis*. Le cléricalisme a seul opéré cette opposition souveraine entre les hommes.

Eh bien, en est-il ainsi du Christianisme ?

Ecoutons ce que dit le Christ au sujet de la fra-

ternité (Math. XXIII, 8 et 9) : « *Vous êtes tous FRÈRES.*
« *N'appelez personne sur la terre votre père, parce*
« *que vous n'avez qu'un Père, qui est dans les cieux.* »
Outre que le Christ appelle explicitement *frères* tous
ses disciples, il les rend implicitement *frères* encore,
en leur donnant Dieu pour seul et commun Père. Il
dit de plus (Jean XIII, 35) : *C'est en cela que tous*
vous reconnaîtront pour més disciples, si vous vous
aimez les uns et les autres. »

La *fraternité* donc, ou l'amour réciproque, est le
signe distinctif auquel on reconnaît les disciples du
Christ, ou les chrétiens. En ouvrant l'Evangile, on
y lira nombre de textes où les apôtres, les évangé-
listes, les auteurs des Epîtres enseignent clairement la liberté, l'égalité, la fraternité. D'ailleurs,
l'Eglise naissante était signalée en ce que ses membres *ne faisaient tous qu'un cœur et qu'une âme.*

Il appert donc que le cléricalisme à dompter n'a
rien de commun avec le christianisme.

Autant le premier nous est contraire, à nous
républicains, hommes de lumière et de liberté fraternelle, autant le second nous favorise.

Et ce dernier, notre ami, notre auxiliaire, et, je
dis plus, notre base, il en est qui prétendraient le
confondre avec son irréconciliable ennemi, son antipode, enfin avec le *cléricalisme* odieux !

Tombe qui voudra dans cette insanité, dans cette
folie, et, je le dis formellement, dans cette ingrati-
tude au dernier degré. Pour moi, dussé-je être seul
de mon parti, je proclamerai sans cesse, et hardiment, que vous ne fonderez jamais rien de solide et
de vraiment républicain en dehors du christianisme.
Oui, citoyens, sans lui vous ne viendrez jamais à

bout du cléricalisme, ou ses vainqueurs définitifs.
On ne peut dissiper les ténèbres qu'avec la lumière;
on ne peut mettre fin à l'esclavage que par la
liberté ; l'on ne peut établir la *fraternité* que par
une *paternité* commune. Or le christianisme, et le
christianisme seul, produit la vérité chassant l'erreur, la liberté détruisant la servitude, enfin la
paternité commune engendrant la *fraternité générale*. En conséquence il nous faut, pour mettre en
bas le cléricalisme, en revenir purement et simplement au christianisme.

SECOND POINT

Origine et développements du cléricalisme

1° Quand et comment le cléricalisme a-t-il pris
naissance?

Je ne saurais vous faire ici l'histoire en abrégé
du cléricalisme antique, antérieur à notre ère, et
du cléricalisme actuel des nations qui sont à nos
antipodes. A quoi bon? Les croyances et les mœurs
du paganisme et des disciples de Bouddha, de
Confucius, etc., etc., n'ayant sur l'Europe, et sur
notre France en particulier, aucune influence au
point de vue social, nous n'aurions qu'un intérêt
de curiosité simple à nous occuper de ce cléricalisme étranger à notre temps comme à nos mœurs.
Je tiens à demeurer pratique, et, par conséquent,
à ne point franchir les limites de ce qui nous tou-
che. Il ne peut donc être ici question que du cléricalisme au milieu duquel nous vivons malgré nous,
vu qu'il empeste, à notre grand détriment, l'air
que nous respirons. Il ne s'agira que de ce clérica-

lisme envahisseur, que nous tenons si justement
pour l'ennemi.

Sa tête, ou son chef, est à Rome, et ses innombra-
bles membres de vampires enserrent les cités, les
bourgs, les villages et jusqu'aux plus petits ha-
meaux de notre beau pays, si passionné cependant
pour la liberté.

Ce cléricalisme, esprit de domination du haut
clergé dans notre ère actuelle, a pris naissance, ou,
plutôt, s'est rendu public en 325, au concile de
Nicée, le premier des vingt et un conciles dits
œcuméniques ou généraux de l'Eglise.

Avant cette date, il était loisible aux chrétiens de
se former leur conscience avec les moyens dont
nous pouvons tous disposer aujourd'hui, nous,
libres-penseurs. Leur pensée était libre autant que
la nôtre, attendu que le symbole attribué fausse-
ment aux apôtres n'existait pas encore, ainsi que la
chose a déjà depuis longtemps été solidement éta-
blie. En outre, il n'existait, avant 325, aucune autorité reconnue infaillible et pouvant soumettre à ses
décisions les consciences s'inspirant du christianisme pur, lequel ne veut que la vérité, cet unique
fondement de la liberté, de l'égalité, de la fraternité. Donc, ils pouvaient tenir pour un Dieu, s'étant
incarné dans le but de sauver le monde, ou simplement pour un homme, éminemment supérieur
même aux plus illustres connus jusqu'alors, pour
un moraliste sublime auquel nul devancier ne fut
comparable, enfin pour le plus signalé des bienfai-
teurs de l'humanité, le juste et vénéré fondateur
de leur religion d'amour fraternel; mais ils n'étaient
pas *obligés* de le croire un Dieu. Consultons l'his-

toire, et nous y lirons que l'archevêque Arius, patriarche de Constantinople, et grand nombre d'autres évêques avec lui ne voyaient en effet, dans le Christ, qu'un homme éminent et vertueux. Les fidèles enseignés par ces évêques suivaient la même croyance.

Or, que se passa-t-il donc en 325?

Poussés par l'esprit de domination, si contraire à l'Evangile, un certain nombre de prélats imaginèrent que, pour mieux asseoir cette domination sur les prêtres et les fidèles, ils devraient se poser comme infaillibles, en décrétant un dogme obligatoire ou liant les consciences. Malgré ce que Jésus lui-même a dit de Dieu : « *Mon Père est plus grand que moi* », ces évêques résolurent de faire un Dieu du Christ.

Ils communiquèrent leur pensée à l'empereur Constantin.

Voyant dans leur système un moyen pour lui de dominer le monde au temporel avec l'appui de l'épiscopat infaillible, alors que cet épiscopat dominerait au spirituel sous l'égide du Christ-Dieu dont il se ferait le représentant, l'empereur approuva le projet. Or, pour le faire accepter dans tout son vaste empire, il fit assembler à Nicée un concile, en 325.

Malgré les nobles efforts du savant, du vertueux Arius et de ses dignes partisans, la coterie orgueilleuse et dominatrice, ayant pour soutien l'empereur, l'emporta facilement sur les droits de la conscience à se former en toute liberté.

Donc elle érigea la divinité du Christ en dogme, et décréta par là sa propre infaillibilité. C'est que ladite

coterie avait eu soin de s'assembler en majorité
d'évêques pour triompher du nombre, autrement
grand que le sien, d'ariens qui remplissaient toutes les parties de l'empire. Arius et ses partisans
furent anathématisés et voués aux gémonies. L'empereur fit publier les décrets dogmatiques du concile et força les populations à les reconnaître.

Ainsi la *divinité du Christ* et *l'infaillibilité du corps
épiscopal*, imposées par le pouvoir civil appuyant
l'ésprit dominateur du haut clergé, tels furent les
premiers dogmes qui fondèrent le cléricalisme actuel.
(Bravo! bravo!)

Les six conciles généraux subséquents, tous tenus
en Orient, savoir : le premier de Constantinople,
celui d'Ephèse, celui de Chalcédoine, le second et le
troisième de Constantinople, enfin le second de
Nicée, ont constamment enchéri sur le premier de
Nicée, affermissant ainsi le cléricalisme au moyen
de dogmes nouveaux, tandis que, par contre, ils
restreignaient de plus en plus les droits sacrés, ina-
liénables de la pensée et de la conscience essentiellement libres sous peine de ne plus exister.

Cependant, citoyens, en 787, époque du deuxième
concile de Nicée, qui se tint 462 ans après le premier, le cléricalisme était loin de l'apogée où, de
siècle en siècle, il s'est élevé plus tard, au point
d'ériger de nos jours, le 18 juillet 1870, l'infailli-
lité d'un homme en dogme de foi, cet homme fût-il
un monstre abominable, impudent d'immoralité
jusqu'à vivre incestueusement avec sa propre
enfant, comme Alexandre VI, l'infâme Borgia, le
sacrilège amant de la trop fameuse Lucrèce.

Donc en 787 il n'y avait point encore, à proprement parler, de pape, infaillible ou non.

En effet, ce ne fut, à la fin du VIIe siècle, pas plus l'évêque de Rome qui se permit de convoquer et de présider le 7e concile général, que ne l'avait fait aucun de ses prédécesseurs pour l'un ou l'autre des six conciles antécédents. L'évêque de Rome était évêque au même titre alors que tous ceux de la catholicité. Les empereurs d'Orient seuls convoquèrent les sept premiers conciles, et les évêques en nommaient les présidents.

Il est bon de noter ici ce que pensait des prérogatives de son siège un illustre évêque de Rome, élu l'an 590 et mort en 604.

Pour guérir l'orgueil effréné de son collègue archevêque et patriarche de Constantinople aspirant à se faire envisager comme évêque *œcuménique*, autrement dit *universel*, Grégoire Ier, que ses vertus firent appeler *Saint*, que ses talents firent surnommer *le Grand*, écrivit trois lettres mémorables, l'une à ce prélat superbe, une autre à l'archidiacre de Constantinople, et l'autre à l'empereur lui-même. Eh bien, ces trois lettres, fort longues, d'un immense intérêt, peuvent se résumer dans cette affirmation : St-Grégoire le Grand dit que « celui d'entre les évêques de la catholicité qui, par suite de son élévation sur le siège épiscopal de l'une des plus grandes villes de l'univers, telles que l'étaient en ce temps Rome et Constantinople, en viendrait à se croire un tant soit peu supérieur à l'un ou l'autre de ses collègues, celui-ci fût-il l'évêque de la plus petite bourgade, ainsi que se trouvait Eugubium comptant deux mille âmes à peine, un tel évêque osant briser l'unité de l'épiscopat. en sa faveur, serait, par le seul fait de son orgueil, le précurseur de l'Antechrist. »

Vous le voyez. Au VIIe, et même au VIIIe siècle, en 787, le cléricalisme en est encore à la prétendue infaillibilité du corps épiscopal de l'univers entier, décrétée en 325 au concile de Nicée. A cette époque, aucune suprématie en faveur d'un évêque, au sein de la catholicité.

Ce fut précisément à la fin du VIIIe siècle, en la personne d'Adrien, que surgit la prétention de l'évêque de Rome à se mettre au-dessus de ses collègues de l'Orient et de l'Occident.

Dans ce but, Adrien fit composer, ou du moins accepta les *Fausses Décrétales*, œuvre du moine faussaire espagnol Isidore Piscator ou Mercator, lesquelles devinrent les bases mensongères du pouvoir papal criminellement usurpé.

Ces *Fausses Décrétales* supposent que, dès le commencement de l'Eglise, on s'adressait de préférence à l'évêque de Rome afin d'en avoir la décision, que l'on tenait pour suprême, au sujet des difficultés qui naissaient au sein des Eglises les plus éloignées même de ce siège. Ainsi l'évêque orgueilleux de Rome abolissait, par ses mensongères Décrétales faites après coup, l'égalité de ses quatre collègues d'Orient : les patriarches de Constantinople, Antioche, Alexandrie et Jérusalem. Naturellement ceux-ci crièrent à la supercherie et repoussèrent la domination de leur collègue, ayant pour seul appui la falsification de l'histoire. Il s'ensuivit un schisme entre l'Orient et l'Occident. Habituée à tout dénaturer, l'Eglise romaine a qualifié cette scission, commencée au IXe siècle, au temps du grand et vertueux Photius, et consommée à jamais sous Michel Cérulaire, au XIe siècle, de *Schisme d'Orient*. Mais non, Eglise impudente et menteuse avant tout, c'est toi qui te fis *schismatique ;* oui, toi seule et non l'Orient. Depuis quand la minorité fait-elle à la majorité la loi? Tes quatre collègues sont unanimes entre eux, évêque de Rome, et toi seul t'insurges pour leur imposer ta domination ; toi seul brises violemment l'unité ; puis tu traites de *schismatiques* tes collègues? Non, mille fois non, ce schisme est le tien ; ton Eglise est l'Eglise *Schismatique* d'Occident !

Nos rois de France, à dater de Charles Martel, de Pépin-le-Bref, et surtout de Charlemagne, aidèrent puissamment la papauté spirituelle à se former, en donnant à l'évêque de Rome un patrimoine important, d'autant plus dérisoirement appelé *Patrimoine de Saint-Pierre*, hélas ! que cet apôtre, ayant pour toute fortune une barque et des filets, les abandonna même afin de suivre, absolument dénué de tout, son Maître également pauvre et sans patrimoine, au point de *n'avoir pas une pierre où reposer sa tête.* Au mépris du Christ dont ils se disent les vicaires, au mépris de l'apôtre Pierre auquel ils prétendent succéder, les évêques de Rome, en possession de grands biens, prirent en pitié leurs collègues, les patriarches d'Orient. Ils crurent se mettre au-dessus d'eux en établissant pour l'Occident, sans les consulter, des prescriptions impossibles, contre nature, et ne pouvant avoir d'autre résultat général, sauf de rares exceptions, que la plus hideuse immoralité jointe à la plus dégradante hypocrisie. Ils imposèrent donc aux ecclésiastiques de leur obédience, à dater de l'an mil, l'ignoble *célibat* toujours inconnu dans les Eglises d'Orient, dont tous les prêtres doivent se marier avant leur admission au sacerdoce. Une telle ordonnance amena le concubinat universel dans le clergé du pape, et l'on compta jusqu'à sept cents prêtres concubinaires par diocèse.

Et, d'ailleurs, le pape autorisait volontiers, moyennant une taxe en sa faveur, chaque ecclésiastique à prendre une concubine de son choix, pourvu qu'il ne l'épousât point légalement et n'en légitimât pas les enfants. Le pape avait à cœur, citoyens, non d'imposer une chasteté bien stérile, et qu'il savait d'ailleurs impossible au clergé, mais de se créer par là des sujets serviles qui lui fussent mille fois plus attachés qu'à leur patrie elle-même. Il n'a que trop réussi, qu'en dites-vous ? *(Oui, oui, bravo)!*

Les évêques de Rome ayant rompu définitivement, au XIe siècle, avec l'Orient, s'avisèrent d'ajouter aux huit grands conciles œcuméniques de l'univers, dont le dernier fut le quatrième de Constantinople, une douzaine d'autres conciles, entre le XIe et le XVIe siècle, qu'avec audace ils qualifièrent d'*universels*, bien qu'ils n'aient jamais réuni que les évêques de leur patriarcat. Ce furent les quatre premiers conciles de Latran, les deux de Lyon, celui de Vienne, ceux de Constance, de Bâle et de Florence, le cinquième de Latran, puis celui de Trente.

En outre des dogmes particuliers, imposés par l'un ou l'autre de ces douze premiers conciles soi-disant *œcuméniques* d'Occident, l'on voit que l'axe de l'infaillibilité, placé jusque-là dans la majorité de l'épiscopat du monde entier, fut déplacé sans

façon par Rome. Elle fit dès lors résider l'infaillibilité dans le corps épiscopal de l'Occident, uni de
croyance et de sentiments à son chef.

On convint que, pour être *œcuménique* et pouvoir
porter des décrets obligatoires, un concile avait
besoin d'être avant tout convoqué, présidé, sanc-
tionné par le pape.

Au célibat ecclésiastique, imposé l'an mil et qui
riva les prêtres à Rome à peu près comme un
troupeau de forçats à leurs fers, fut ajoutée, en
1215, par le IVe concile de Latran, la *Confession auriculaire*, obligatoire pour les chrétiens des deux
sexes : « *Utriusque sexûs* », dit le décret.

Par cette inquisitoriale institution, le clergé devenait maître absolu des consciences, qu'il dirigeait
à son gré vers le but que se proposait le chef : la
domination suprême, au temporel comme au spirituel. Il courbait à ses pieds les petits et les grands,
les sujets et les rois. Si, de temps en temps, des
hommes d'Etat, des princes, des souverains,
voyaient le danger qui les menaçait eux-mêmes
autant que les derniers de leurs sujets, ils ne
savaient comment se dépétrer des piéges secrets
dans lesquels ils tombaient enlacés, comme la
mouche en des toiles d'araignées. Les confesseurs
des princesses et des reines gouvernaient aisément
les rois, dont ils pénétraient ainsi les vues, dont ils
faisaient avorter les projets qui déplaisaient au
clergé supérieur. La *Confession*, l'immorale *Confession*, fut le coup de maître de la grande maîtresse
de l'astuce et du mensonge, et c'est depuis son institution que la papauté marcha si vite à son apogée.

Elle en vint à déposer les empereurs et rois qui

ne lui concédaient pas tout ce qu'elle exigeait d'eux. Par la confession, elle fit insinuer aux fidèles que son pouvoir était bien au-dessus de celui des empereurs et des rois, que même ces derniers n'étaient que les délégués du vicaire de Dieu sur terre.

En effet, citoyens, voici ce que le pape Boniface VIII osait écrire à notre ancien roi, Philippe-le Bel, en 1302, c'est-à-dire environ 87 ans après l'établissement de la *Confession auriculaire*.

« Il faut que l'autorité temporelle soit soumise à l'autorité spirituelle. » Et, plus loin : « Que la puissance spirituelle l'emporte en dignité comme en noblesse sur toute puissance temporelle, il nous faut le confesser d'autant plus clairement que les choses spirituelles sont préférables aux temporelles. Car, ainsi que la vérité l'atteste, il incombe à la puissance spirituelle d'établir et de juger la puissance terrestre, si elle a failli. »

De cette bulle, appelée *Unam sanctam*, il appert que, moins d'un siècle après l'institution de la *Confession*, la papauté se mettait au-dessus des pouvoirs civils de n'importe quelle nation.

Je ne veux cependant pas, citoyens, omettre un passage significatif de cette même bulle *Unam sanctam*, lequel établit que la papauté du commencement du XIVᵉ siècle était loin de croire à son infaillibilité. Voici ce que dit en effet Boniface VIII, qui vient pourtant de se déclarer au-dessus des empereurs et des rois :

« Si le pouvoir spirituel dévie, l'inférieur sera
« jugé par le supérieur. Mais si c'est le supérieur
« lui-même, il ne pourra être jugé que par Dieu
« seul, et non par l'homme. »

Il est évident que Boniface VIII, l'an 1302, reconnaît la faillibilité du pouvoir spirituel supérieur, autrement dit, de la papauté. Jugez, citoyens, du chemin qu'a fait jusqu'à nos jours l'enseignement papal. Le 18 juillet 1870, 568 ans après la bulle *Unam sanctam,* la puissance spirituelle supérieure ne peut plus dévier, et Dieu ne saurait plus la juger lui-même : elle est devenue *infaillible!* O comble de folie et d'orgueil !

Je ne saurais vous donner ici le détail des moyens employés par la papauté pour obtenir et garder le pouvoir absolu. Faute de temps, je dois simplement vous les signaler en passant.

Elle ne recula point devant l'établissement de l'horrible *Inquisition* qu'elle eut l'impiété de qualifier de *très-sainte,* ainsi qu'elle appela *très-saint--Père* l'homicide et l'incestueux Borgia, *très-saints* tant d'autres monstres qui se sont tour à tour assis sur le prétendu *Saint-Siège,* exécrable entre tous les sièges épiscopaux de l'univers. Rappelez-vous, citoyens, ce qu'au douzième siècle écrivait saint Bernard, abbé de Clairvaux, au pape Eugène III :

« Ton siège est le domicile des démons plutôt que le parc des brebis. »

La criminelle Inquisition, dont le but fut d'étouffer la justice et la vérité, fit incarcérer, exiler, ou mourir dans le feu des millions d'innocents, voulant revenir purement à la religion du Christ : preuve éclatante, encore une fois, que le cléricalisme est l'ennemi mortel du christianisme, et que certains républicains tombent dans une erreur bien grave en les confondant si niaisement.

L'Inquisition fit brûler vifs, seulement en Espa-

gne, et de l'an 1481 à 1808, en 327 ans, 34,658 personnes, (106 par an en moyenne). Elle en condamna
288,214 aux galères et à la prison. Elle en réduisit
plus de 200,000 à se trouver déshonorées, jusque
dans leur postérité, par le port ignominieux du
San-benito. 18,049 furent brûlées en effigie. Quant à
la Sicile, à la Sardaigne, à la Flandre, à l'Amérique,
aux Indes, elles fournirent à la *très-sainte*, oh! non,
disons : à la *très-horrible* Inquisition, des victimes
en nombre incalculable.

En France, on fit révoquer par Louis XIV, de
néfaste mémoire, l'édit de Nantes, et, par suite,
exiler plusieurs centaines de milliers des meilleurs,
des plus industrieux Français qui s'étaient séparés
de la papauté sacrilège et corruptrice, au souffle
réformateur du grand moine Luther, du profond
penseur Calvin et de tant de vrais héros exposant
et sacrifiant leur vie, au besoin, pour maintenir la
noble et sainte liberté de leur conscience.

Est-il nécessaire aussi de vous rappeler les dra-
gonnades des Cévennes, les massacres de la Saint-
Barthélemy, les tueries de Vassy, l'abominable Ven-
dée et les égorgements de tant d'autres lieux, tous
inspirés par le cléricalisme ayant soif de domination ?

Pensez-vous que, s'il revenait au pouvoir, ce cléricalisme aurait, de nos jours, des sentiments plus
humains, plus tolérants ? Détrompez-vous, citoyens.
Pour cela, lisez attentivement le chapitre intitulé :
LA TRÈS-SAINTE INQUISITION, au tome I des *Bénédictins de la Congrégation de France*, et vous frémi-
rez d'horreur en voyant le sort qui nous attendrait,
si le gouvernement laissait pulluler le monachisme

en liberté. Je ne vous citerai que ce passage, assez
expressif d'ailleurs :

« Mes confrères s'extasiaient en exprimant l'es-
« poir de l'établissement plus ou moins prochain de
« la très-sainte Inquisition fonctionnant, dans tou-
« tes les nations ultramontaines, pour l'extermina-
« tion complète, par le feu, des hérétiques de ces
« pays, et, cela, *ad majorem Dei gloriam.*

« L'un d'eux, même, dont je tiens le nom en
« réserve, que j'avais cru jusqu'à ce jour beaucoup
« moins fanatique, transporté tout à coup d'une
« joie féroce, nous tint ce discours :

« Oh ! que ne puis-je voir ce beau temps et être
« nommé Grand Inquisiteur ! Je pardonnerais vo-
« lontiers encore à ceux qui se rétracteraient avec
« des signes non équivoqués de repentir. Mais
« quelle jouissance j'éprouverais à condamner au
« feu les relaps opiniâtres ou hypocrites, violateurs
« sacrilèges de leurs promesses ! *Mon suprême*
« *bonheur serait d'être leur bourreau,* DE LES TOUR-
« NER ET RETOURNER DE MES PROPRES MAINS, *à*
« *l'aide d'un long fourgon, sur le* BRASIER INCANDES-
« CENT DU BUCHER. »

« Plusieurs rirent aux éclats d'un rire d'allégresse
« en savourant ces nobles sentiments. »

Voilà, citoyens, ce qu'eussent fait les moines de
Solesmes, expulsés déjà deux fois par le gouvernement actuel, si le cléricalisme eût triomphé. Jugez
par là combien il nous importe à tous de le détruire
à jamais. En conséquence, unissez-vous à moi dans
les moyens de le terrasser que je vais vous indi-
quer.

TROISIÈME PONT

Moyens efficaces de terrasser le cléricalisme

Ces moyens sont divers : les uns, du ressort des gouvernants, les autres, de celui des particuliers.

1° Le gouvernement actuel, sous la présidence du plus sensé de nos hommes d'Etat connus, en a déjà pris d'excellents. Je les relaterai succinctement pour réserver notre temps à ce qu'il me reste à vous dire.

Il a fait un pas en avant par l'expulsion des jésuites des maisons d'éducation, et des Congrégations de tous Ordres qui ne reconnaîtraient pas la suprématie du pouvoir civil et ne se feraient point autoriser par l'Etat, auquel ils soumettraient leurs constitutions.

Mais si l'Etat n'allait pas plus loin, il eût fait bien peu de chose. Il est avéré que tous les Ordres religieux sont, au même degré, des ennemis nés du principe républicain, et seront sans cesse occupés à le miner par leur enseignement occulte ou public, par leurs relations ostensibles ou secrètes avec les familles. Coûte que coûte, il faut que le gouvernement ferme au plus tôt *tous* les monastères *de l'un et de l'autre sexe.* Aussi, je ne veux pas vous le cacher, citoyens, j'épargnerais beaucoup moins encore, en tant que plus dangereux, les couvents de femmes donnant l'éducation à nos filles, que les collèges mêmes des jésuites. Vous voyez un bon nombre d'hommes, et Voltaire en est la preuve, élevés par les fils de Loyola, qui sont devenus, peu d'années après le départ du collège, affranchis de leur fausse éducation. Mais voyez-vous un grand nombre de femmes, élevées par les jésuitesses, qui ne soient pas restées opiniâtres dans le cléricalisme? Et quelle est celle qui ne se pose en vrai tyran de son mari pour le réduire à confier l'éducation de leurs enfants aux congréganistes des deux sexes? Aidons le gouvernement, par nos pétitions répétées, à fermer *tous* les couvents *sans distinction* de sexe ou d'Ordre.

Afin de vous mettre en état, citoyens, de juger avec impartialité cette question d'un si grave intérêt social, lisez mon opuscule intitulé si justement: Les *Moines dévoilés.*

2° Un second moyen de terrasser le cléricalisme est l'instruction laïque, obligatoire et gratuite. Assurément ce moyen est de beaucoup le plus solide et le plus certain. Je lui trouve un seul défaut : c'est qu'il est lent, fort lent, et qu'il ne portera ses fruits complets, si précieux, qu'après deux ou trois générations au moins, c'est-à-dire après un bon demi-siècle, attendu les obstacles désespérés que le cléricalisme apportera constamment à la réalisation des excellents effets de ladite instruction. Très-heureusement, nous, particuliers, pouvons aider l'Etat à triompher des obstacles créés par le mauvais vouloir des cléricaux: c'est en employant le moyen que je vous indiquerai le dernier de tous, et par lequel je terminerai ma conférence.

3° Un troisième moyen, appliqué par l'Etat, c'est le service militaire imposé dorénavant à tous les postulants du sacerdoce, aussi strictement qu'aux autres citoyens.

Trois ans passés dans les camps pour apprendre à servir la patrie au point de sacrifier son sang pour elle : oh ! quelle école ils feront là ! Quelle épreuve ils subiront et qui les rendra, s'ils sont en effet voués par une inclination irrésistible au sanctuaire, incomparablement plus dignes de leurs fonctions, et bien autrement vénérés du public qui ne les suspectera plus d'être entrés dans la carrière ecclésiastique uniquement par lâcheté, par manque de patriotisme ! *(Oui, oui ! Bravo ! bravo !)*

Et, de plus, ils auront là maintes occasions d'essayer leurs forces contre les assauts que la chair doit leur livrer, non-seulement dans leur jeunesse et leur virilité, mais jusqu'à la fin de leur existence. Ils ouvriront les yeux sur les dangers qui les attendent. Or, s'ils n'ont pu, dans un intervalle assez court de trois ans, maîtriser la nature et ses lois impérieuses, force alors leur sera de laisser à d'autres, plus vaillants qu'eux, le soin d'affronter ce combat perpétuel dans lequel ils n'eussent recueilli que de honteuses et décourageantes défaites. Voyant que le pape et l'épiscopat voulaient les engager, sans connaissance de cause, irrévocablement, dans une lutte affreuse, au-dessus de leur force, ils sauront que les chefs de l'Eglise ultramontaine avaient le dessein de les surprendre et de les tromper, que, partant, elle n'est pas en réalité la véritable Eglise, épouse et représentante du Christ qui n'aima jamais que la vérité produisant la liberté. Ceux qui résisteront à toutes les occasions de chute auront acquis l'espoir fondé d'être en état de résister toujours ; ils pourront donc s'engager dans le sacerdoce avec plus de confiance.

On objectera ceci : mais tous succomberont et le sanctuaire alors ne pourra plus se recruter. Est-ce bien cela que l'on veut ?

Ah ! ah ! je prends sur le fait les cléricaux et je leur dis :

— Vous avouez donc que vos jeunes échappés du petit séminaire, à vingt ans, ne pourront se tenir debout jusqu'à vingt-trois ans au milieu du monde, et vous prétendez que vos échappés du grand séminaire, à vingt-quatre ans, vont se tenir fermes durant dix, vingt, trente et cinquante années même ? Allons donc !

D'ailleurs, si vous ne pouvez plus recruter le clergé dans de pareilles conditions d'hypocrisie et d'immoralité, vous le recruterez plus honorablement. Il arrivera que l'heureuse pénurie de vocations forcera le pape à proclamer l'abolition de l'ignoble célibat du clergé haut et bas. La moralité, la religion, la patrie, y trouveront leur profit, sinon la papauté qui seule y perdra.

Le quatrième moyen que le gouvernement devrait employer pour décléricaliser le pays, c'est la *complète* épuration de la magistrature. Il a fait dans cette voie, en 1883, un pas fort appréciable, il faut l'avouer ; mais ce n'est pas fini, bien loin de-là. Beaucoup de magistrats, hostiles à la République et prêts à frapper les républicains avec une criante partialité, sont encore à leur poste au grand scandale et mécontentement des honnêtes gens. La magistrature actuelle est restée en suspicion justifiée, attendu que le personnel de certains tribunaux n'a pas subi la moindre modification. C'est pourquoi, dans bon nombre de cités la magistrature, aujourd'hui comme auparavant, reste inféodée au clergé supérieur dont elle accepte avec docilité la direction. Demandons à nos députés actuels, et surtout aux candidats futurs, de travailler sérieusement à cette épuration si désirée, et, par nos pétitions et nos plaintes au besoin, forçons le gouvernement à ne faire à l'avenir que d'excellents choix.

Un cinquième moyen serait que le gouvernement interdît à tous les membres du clergé le port de l'habit dit *ecclésiastique* au dehors de l'église. Il devrait les y forcer, d'abord sous peine d'amende, et, dans le cas de récidive, en leur infligeant la prison. Si les ecclésiastiques s'habillaient comme tout le monde, ils n'inspireraient plus cette terreur superstitieuse aux esprits faibles des femmes et des enfants, qui finiraient alors par les envisager comme des citoyens ordinaires, et non plus comme des êtres *surhumains*, *surnaturels*, dépositaires des droits et de l'autorité de Dieu même. Un pareil moyen de décléricalisation est beaucoup plus avantageux qu'on ne saurait le dire. Une femme, une fille, y regarderait de plus près avant de choisir pour son confesseur un homme habillé comme tous les autres. Or, ce ne serait vraiment pas dommage.

D'ailleurs, de quel droit les prêtres s'habilleraient-ils autrement que le commun des mortels? Ne serait-ce pas dans un but inavouable? Est-ce que, par ce singulier costume, ils ne sont pas en état d'espionner tout le monde et de juger que ceux qui les saluent sont de leur parti, tandis que les autres sont d'un bord opposé. De la sorte, ils font aisément sentir à ces derniers l'effet de leur ressentiment, au confessionnal et dans les diverses relations de la vie, en détournant leurs pénitents, leurs amis, de s'adresser aux négociants qui ne saluent pas le prêtre. Il est grand temps que le gouvernement enlève à ses ennemis ce privilège abusif qui leur laisse un si pernicieux moyen d'influence et de crédit, contraire aux bons citoyens ainsi qu'à l'ordre social.

Un sixième moyen, que bien des gens prônent aujourd'hui trop bruyamment, moyen excellent, posées certaines conditions, mais qui peut devenir fort dangereux en dehors d'elles, c'est l'abolition du Concordat de 1801, en d'autres termes, la séparation des Eglises avec l'Etat.

Ceux qui demandent immédiatement ladite séparation sont, en général, des gens dépourvus d'expérience, ou des autoritaires à cheval sur des principes à eux, ne tenant nul compte absolument des difficultés, des dangers sérieux que leur système est de nature à créer à la République. Ils ne doutent de rien, ces fins politiques. Quiconque est d'une opinion contraire à la leur n'est qu'un faux républicain, un opportuniste, un réactionnaire, un jésuite, etc., etc. Or, moi, vieux prêtre sexagénaire, ayant quarante ans de sacerdoce, ayant visité plus de vingt mille prêtres séculiers, plus de cinquante évêques, plus de cent séminaires, petits et grands, plus de trois cents monastères d'hommes en Europe, ayant vu de près les populations de quatre-vingts départements, sans compter divers diocèses de l'étranger, il me semble avoir, citoyens, quelque droit de vous dire ici mon opinion sur une telle matière. En vérité, sans m'enorgueillir, vous me reconnaîtrez un peu plus compétent là-dessus que des gens qui ne connaissent vraiment rien aux expédients secrets du cléricalisme. Ai-je assez enduré de sa part? M'a-t-il assez victimé, ruiné, calomnié, poursuivi, persécuté de toutes façons, au point de faire attenter à mes jours le 28 juillet 1870?

Mais si le cléricalisme a commis tant de méfaits à mon égard, dois-je être, à vos yeux, suspect de vouloir le favoriser? Oh! certes, nul plus que moi ne veut sa destruction complète. Eh bien, c'est ce désir qui précisément me porte à vous dire avec énergie: attendez encore à la fin de ce siècle avant d'abolir le Concordat.

Plusieurs m'objecteront: vous fortifiez, vous enrichissez l'ennemi?

Je leur réponds: c'est le contraire absolument. Je l'affaiblis et mets obstacle à ce qu'il s'enrichisse et devienne indépendant de l'État, et probablement son maître. Or, comment cela? Comment? citoyens. C'est facile à comprendre, et la preuve en est tangible; il suffit d'ouvrir les yeux. Lequel des deux clergés de France, en effet, le séculier payé par l'État, ou le régulier non payé, devenait le plus riche et le plus influent? N'est-ce pas de beaucoup ce dernier? Le fait est incontestable. Eh bien, vous en êtes-vous rendus sérieusement compte? Eh quoi! Vous payez tous les prêtres séculiers, et, sauf de très-rares exceptions, ils restent généralement dans un état voisin de la pénurie, en tout cas, dans une condition fort modeste. Au contraire, il n'est pas un moine, ou prêtre régulier, qui soit payé par l'État, et tous les monastères accaparaient des richesses immenses. Pourquoi cela ? C'est que les moines, ne recevant rien du gouvernement, passionnent au degré le plus élevé les femmes dévotes. Elles les tiennent pour des êtres surhumains, par suite de leur dénûment de toutes les douceurs de la vie. Elles ne veulent pas avoir d'autres directeurs de leur conscience, ou de leurs pas dans le chemin de la perfection, que ces êtres surnaturels, si détachés des choses d'ici-bas. De l'admiration, de là religieuse estime, elles passent bien vite à la sympathie, à la tendresse, à l'amour d'abord platonique, et bientôt sexuel d'autant plus effréné qu'elles en viennent à considérer ce directeur tant aimé, non plus comme un simple mortel, mais comme un ange auquel à peu près toutes seraient heureuses de se livrer corps et biens. Voilà, citoyens, le secret des richesses accumulées dans les couvents, dont les moines ne sont néanmoins pas rétribués par l'Etat. Si l'on ne fait point de pareilles largesses au clergé séculier, c'est que, le voyant à peu près pourvu du nécessaire, on ne va pas s'apitoyer sur son sort. Mais retranchez ce nécessaire, et vous verrez aussitôt les offrandes des prétendues dévotes, ces folles amantes de quelque prêtre, emplir l'escarcelle du clergé sachant alors se poser en victime du républicanisme impie.

Avant donc, citoyens, d'abolir le Concordat, je crois plus urgent de donner à la femme une éducation qui l'éloigne au plus tôt du confessionnal. Quand nos femmes ne se confesseront plus, ainsi que nos filles, le temps sera venu de séparer les Eglises d'avec l'Etat. Jusqu'à cet heureux avenir, dont il faut s'efforcer de hâter la venue, il est poli-

tique, utile et bon de donner un centime au clergé
pour qu'il ne reçoive un franc à la place, ou cinquante millions par an pour l'empêcher d'accaparer
quinze à vingt milliards d'ici moins de vingt ans.
Songez qu'il est, de par le monde, un assez grand
nombre d'imitatrices de la duchesse de Chevreuse
osant souffleter un gendarme en défendant ses
amis les moines. Combien d'autres femmes, de
mœurs plus ou moins équivoques, auxquelles le
prêtre non payé persuadera facilement qu'avec une
largesse aux ministres de Dieu, délaissés de l'Etat,
elles rachèteront tous leurs péchés ! Voilà, citoyens,
mon opinion sur cette matière. Or je serais le premier à demander l'abolition du Concordat si je
n'étais persuadé, comme je le suis, que cette abolition ne peut, en ce moment, que fortifier le cléricalisme et nuire à la République, au point de la compromettre extrêmement.

2° En dehors des moyens employés par l'Etat, les
particuliers doivent user de tout ce qui peut décléricaliser le pays. Ainsi :

D'abord, le *Denier des écoles* est une excellente
institution à propager partout, pour que l'enfant
pauvre, habillé proprement, puisse aller à l'école
à côté de ses camarades sans avoir à rougir de ses
haillons.

Ensuite, la fondation des cercles républicains,
munis de bibliothèques populaires à la disposition
de tous ses membres, est également un bon moyen
de décléricaliser les bourgs et les moindres villages.
Mais qu'avant tout ces livres soient bien faits, sans
jamais confondre avec le cléricalisme ennemi ce
christianisme auguste et vénéré, dont la Républi-

que est l'émanation directe. Avec l'esprit athée, impie, irréligieux, l'on enlèverait toute base à la conscience individuelle, à la morale, et l'on recueillerait bientôt les fruits de la semence délétère. On ferait des populations sauvages, sans justice et sans fraternité, ne craignant plus que le regard de la police et non point celui du grand législateur de la conscience. On comprend que Voltaire ait dit : « *Si Dieu n'existait pas, il faudrait l'inventer !*»

De plus, la presse anti-cléricale, en montrant chaque jour les abus du cléricalisme et la nécessité de les retrancher, de faire avancer le progrès moral autant et plus que le bien-être temporel, serait l'un des principaux moyens de décléricalisation. Mais, très-malheureusement, il est peu d'organes de la presse assez judicieux et pratiques, ou peut-être assez courageux pour dire hardiment que le christianisme en lui-même est le premier auteur de la devise républicaine, et que, loin de vouloir l'étouffer avec le cléricalisme, on se trouve heureux d'en enseigner la morale exquise aux populations avides de la vérité. Certaine presse, au contraire, en vient à bafouer le Christ à l'égal d'un imposteur; à nier Dieu même, à préconiser le vice, à demander l'impunité pour la pornographie ou la corruption des mœurs, à blâmer la loi qui réprime et punit ladite corruption, à soutenir un tel paradoxe en disant « qu'il ne peut y avoir de délits de presse. » Ainsi, diffamez, calomniez les honnêtes gens à votre aise. Aussitôt que vous le faites, non verbalement, mais par un imprimé, vous êtes impunissables. C'est commode, en vérité ! Mais le cléricalisme est-il donc plus mauvais que cela ?

3° Un troisième moyen de décléricalisation, que
devraient employer les particuliers, ce serait de
créer dans les chefs-lieux des départements d'abord,
puis des arrondissements, et même aussi des cantons, un comité de républicains éclairés et dévoués,
chargés de s'entendre avec tous les citoyens de la
contrée, amis du progrès, pour recueillir des cotisa-
tions pécuniaires, soit annuelles à taux fixe, et dont
les fournisseurs seraient des correspondants des-
dits comités, soit spontanées et laissées à la généro-
sité des donateurs. Ces revenus, fixes et même
éventuels, seraient employés à l'acquisition d'opuscules que les commissions d'examen instituées par
le comité du chef-lieu d'arrondissement auraient
jugés les plus propres à décléricaliser tel point
particulier du pays. Ainsi, chaque canton désigne-
rait son examinateur spécial, lequel ferait valoir,
devant le comité d'arrondissement, ses raisons de
donner, du moins pour son canton respectif, vu la
disposition des esprits, la préférence à tel écrit sur
tel autre, alors que ce dernier pourrait peut-être
avoir plus d'utilité pour un canton voisin. Que de
lumière on jetterait de la sorte au sein des populations de la campagne? Et quelle ardeur, quelle soif
d'instruction l'on allumerait dans la jeunesse, en
excitant ainsi l'émulation entre les jeunes gens des
divers villages du même canton, comme entre les
habitants des divers cantons du même arrondissement! En deux ou trois années d'efforts républicains,
dirigés comme nous le disons, nous aurions la vic-
toire assurée au sein des communes et des cantons
livrés encore à des administrateurs ou délégués
cléricaux, et peut-être avant dix ans ne resterait-il

plus partout qu'une imperceptible minorité cléricale, absolument impuissante. Un tel moyen de
décléricalisation devrait faire assurément l'objet de
l'attention de tous les esprits réfléchis. Peut-on
récolter sans avoir rien semé, rien planté? Le Christ
a dit (Matth. VII, 16): « *Vous les reconnaîtrez à
« leurs fruits. Cueille-t-on des raisins sur des épines,
« ou des figues sur des ronces?* » Chaque récolte, en
effet, est de la nature, ou de la semence, ou de la
tige. Or, quand les cléricaux sont occupés à répandre, ou du haut de la chaire, au moins chaque
semaine, ou dans leur langage et leurs écrits multi-
pliés, sans aucune interruption, des enseignements
erronés fabriqués avec art, exposés avec subtilité,
des républicains seraient-ils des hommes intelligents et doués du sens commun s'ils pensaient
recueillir sans avoir préalablement semé? De toute
évidence il nous faut, si nous voulons décléricaliser
promptement la France, employer le plus prompt,
le plus efficace et le plus sûr de tous les moyens :
celui qui consiste à faire au plus tôt pénétrer la
lumière au sein de chaque famille, en y répandant
des écrits bien faits, bien modérés, bien clairs,
empreints de noblesse, de charité fraternelle, et
toujours exempts de passion, d'animosité contre
les personnes. Il ne s'agit pas d'humilier, d'irriter
nos adversaires par des paroles d'aigreur, par des
suspicions offensantes ; il s'agit de les amener à
nous, tout au contraire, en leur montrant, par de
bonnes raisons, que la vérité, que la justice ou le
bon droit sont de notre côté, mais non de celui des
meneurs intéressés à les tromper pour dominer
sur eux.

Il ne me conviendrait guère, assurément, de vous recommander mes propres opuscules ; il ne m'appartient point de vous en dire ici le moindre bien ; ce n'est pas à moi, c'est au public seul à les juger. Je ne saurais donc me faire aujourd'hui que le fidèle écho de l'appréciation de la presse à leur sujet. Je veux me borner même à ne vous parler que du seul *Manuel du vrai républicain*, opuscule in-18 de 64 pages.

Trop de journaux en ont parlé pour que je vous en cite un seul. Mieux vaut porter à votre connaissance un fait que grand nombre d'entre eux ont publié peu de temps après la démission de M. Thiers, du 24 mai 1873. Voici comment j'ai déjà résumé, dans la préface de mon *Manuel*, l'exposé qu'en a donné la presse :

« Un maire républicain de la Gironde, ayant lu
« très-attentivement ce *Manuel*, le jugea si propre
« à créer des républicains parmi les campagnards
« que, dès le lendemain, il m'en demanda vingt
« autres exemplaires.

« Près de sa commune en était une autre extrê-
« mement cléricale et de laquelle on espérait en
» tout vingt votes favorables au candidat républi-
« cain, M. Caduc.

« Confiant les vingt exemplaires à l'un de ses
« administrés, en lui donnant les vingt adresses
« des citoyens auxquels il devait en remettre un,
« il lui dit :

« Recommande à chacun de nos amis de N.... de
« garder son exemplaire un seul jour, pour le lire,
« et de ne le prêter que pour un jour encore à son
« voisin. Le lendemain, il le prêtera de nouveau

« pour un seul jour à quelque autre voisin, et tou-
« jours ainsi jusqu'à ce qu'il ait été lu dans toutes
« les familles.

« A la suite de ce programme, exécuté ponc-
« tuellement, le *Manuel du vrai républicain* opéra
« dans la commune un revirement prodigieux.

« En vain le maire, assez clérical par lui-même,
« et d'ailleurs excité par le curé, crut-il pouvoir
« paralyser l'effet produit par le *Manuel*, en pour-
« suivant celui-ci jusqu'au sein des familles jadis
« réactionnaires, dont il viola le domicile, accom-
« pagné qu'il fut, d'ailleurs, de deux gendarmes
« foulant aux pieds la loi ; les cléricaux des jours
« précédents, heureusement transformés en répu-
« blicains, leur répondaient :

« Oui, Messieurs, j'ai lu ce *Manuel* de Pierre dès
« Pilliers. Il est fort clair et m'a parfaitement con-
« vaincu. Je ne puis vous le remettre, attendu,
« d'abord, qu'il ne m'appartient pas, et que, de
« plus, je ne l'ai gardé qu'un jour pour permettre
« au possesseur de le prêter encore à d'autres qu'à
« moi.

« Le maire et les gendarmes s'en retournèrent
« décontenancés. Ils le furent bien autrement,
« quinze jours après, quand le vote eut lieu pour
« l'élection des députés. Au lieu des vingt votes
« républicains espérés, la commune en donna cent
« vingt et un à M. Caduc ; le candidat réactionnaire
« en obtint trente et un seulement sur les cent
« cinquante-deux votants. »

Voilà, citoyennes et citoyens, le fait rapporté par
la presse. Or, je dois ajouter que « l'*Ordre Moral*, de
si triste mémoire, a tellement été *démoralisé*, pris

de panique en apprenant les résultats de la diffusion de mon *Manuel* au sein des campagnes, qu'aussitôt il en interdit l'entrée en France. Eh bien, cet
ostracisme, infligé dès 1873 à mon petit livre, a duré,
sinon légalement, du moins en fait, dix années.
J'aurais eu le droit de le rééditer dès le 1er août
1881, lendemain du jour où fut proclamée la loi sur
la liberté de la presse; mais je n'en avais pas con-
servé même un exemplaire à mon usage, et c'est
l'an dernier seulement que j'ai pu faire une sixième
édition moyennant un exemplaire à moi rendu par
un ami d'enfance. Aujourd'hui, fin juillet 1884, la
dixième édition est sur le point d'être épuisée.

Un quatrième, et sûr moyen de décléricalisation,
c'est l'imagerie anti-cléricale.

Il est avéré que les cléricaux propagent leurs
dogmes, leurs superstitions, leur influence, au
moyen de statues, d'images, de dessins, de gra-
vures, de chromos propres à frapper l'imagination
populaire, en produisant ainsi sur les masses des
impressions durables. Faisons la même chose
en sens contraire, et nous en tirerons des résultats
certains de décléricalisation ! Le tout consiste à bien
choisir ces sujets. C'est, je l'affirme, assez imprudent
et maladroit que de représenter constamment le
prêtre ou le religieux sous des formes excentriques,
bouffonnes, avec des postures d'un ridicule achevé.
Ces travestissements exagérés font rire un instant
le curieux, qui se délecte à contempler le savoir-
faire du dessinateur comique et facétieux; mais
cet amusement passager ne nuit guère au cléricalisme. En revenant à la réalité de la vie, on se dit,
quand on voit la grande masse des prêtres séculiers

et réguliers avoir une attitude absolument opposée à celle représentée en dessin, que tout cela n'est que de l'exagération, de la fantaisie, et trop souvent de la haine. On demeure alors clérical. En effet, pensant à l'adage bien connu : « *Qui dit trop ne dit rien,* » l'on finit par mépriser, ou du moins dédaigner l'auteur outrepassant la vérité.

Le peintre Courbet a fait un tableau que tout le monde admire et dont le titre est : *Le retour de la conférence.*

Il se peut que pareille scène ait été donnée, en miniature, à quelques paysans par des curés revenant de leur conférence cantonale, où plusieurs d'entre eux se seraient livrés à de trop nombreuses libations. Mais ce qu'il y a de bien certain, pour moi surtout qui pendant vingt-cinq ans ai, nombre de fois, assisté chaque année aux conférences ecclésiastiques, c'est que je n'ai jamais vu ce spectacle au degré d'exagération où le montre Courbet. Je ne crois pas non plus que, dans aucun pays, l'on ait jamais vu tituber publiquement tant de prêtres à la fois. Les autres curés ne s'empresseraient-ils pas de dérober leurs confrères en goguettes aux regards du public? Ils les obligeraient, coûte que coûte, à rester au presbytère assez longtemps pour ne compromettre en rien l'honneur sacerdotal. Dire, ou simplement penser le contraire, est méconnaître absolument le caractère et les habitudes du clergé.

M. Courbet, dont le talent de peintre est admirable, est, malheureusement ici, tombé dans une grande exagération.

Un peintre flamand, le fameux Léonard, est resté,

lui, tout à fait naturel et véridique en peignant les
JÉSUITES A L'OEUVRE.

Il a composé trois tableaux splendides représentant au vif une captation de testament, par les
jésuites d'Anvers, au détriment de la famille de
Buck, de cette même ville. Outre que le fait dépeint
est historique et récent, qu'un procès de quatre
années l'a rendu célèbre en Belgique et dans tout
l'univers civilisé, Léonard n'a rien outré, rien exa-
géré. Le fait qu'il dépeint n'est pas non plus un
fait insolite et tout spécial. Bien au contraire, il
s'est produit et se reproduit encore, du plus au
moins ou du moins au plus, en tous les lieux de la
terre où les fils d'Ignace ont planté leur tente. Aussi,
nul ne peut objecter avec raison : qu'est-ce que
cette captation de six millions, opérée à Anvers,
peut prouver contre les jésuites des autres contrées? La conscience publique aurait soin de répon-
dre énergiquement : « *Partout ils sont les mêmes et
n'en font pas d'autres.* » Aussi, les *Jésuites à l'œuvre*
ont fait courir tout Bruxelles et tout Londres à leur
exposition. Si l'empire et « l'Ordre moral » n'ont
point permis de les exposer en France, il est clair que
ces gouvernements peu moraux ont parfaitement
compris l'effet décléricalisateur qu'ils sont de nature
à produire irrésistiblement sur les spectateurs, sai-
sis d'indignation contre les spoliateurs qui font servir la religion à l'assouvissement de leur cupidité.

J'ai donc pensé moi-même accomplir une œuvre
éminemment décléricalisatrice en faisant chromo-
lithographier ces magnifiques tableaux intitulés :
1° La PRÉCAUTION, en quatre personnages; 2° Le
TESTAMENT, en sept autres; 3° Le TRIOMPHE, en

quatre autres. Ces chromos, artistement faits, auront environ 2,000 centimètres carrés en moyenne, ou 0,40 sur 0,50 hors marge, et les trois mille premiers souscripteurs les paieront cinq francs les trois ensemble, au lieu que leur prix sera, la souscription close, élevé, pour le grand public, au chiffre de 7 fr. 50 l'exemplaire.

Le même Léonard a fait aussi la *Nonne de Cracovie* ou *Barbara Ubrick*, cette religieuse infortunée, enfermée, on le sait, durant vingt ans, dans un cachot de son monastère où l'a trouvée enfin la police autrichienne. Une telle découverte a fait trop de bruit dans toute la presse libérale, il y a douze à quinze ans, pour que nous nous y arrêtions ici davantage. A peine couverte de haillons pour cacher sa nudité, Barbara Ubrick fut nourrie au pain et à l'eau et traitée ainsi sans pitié, de longues années, par une supérieure et des religieuses infidèles à leur vocation, dont elle avait refusé d'imiter la conduite immorale et sacrilège.

Il est bon, très-bon de vulgariser de pareilles peintures; c'est un excellent moyen d'ouvrir les yeux aux populations que trompent les exploiteurs de la religion, répandus partout.

Si j'ai parlé des tableaux de Courbet et de Léonard en établissant un parallèle entre eux, c'est pour mieux faire ressortir que de vrais républicains ne devraient jamais combattre le cléricalisme autrement que par des moyens conformes à la vérité pure. Agir par des moyens jésuitiques, c'est se montrer dignes des cléricaux. Tout livre et toute image ayant l'unique vérité pour appui doit produire infailliblement les résultats espérés, tandis qu'il ne saurait en être ainsi des écrits ou des dessins fantaisistes, où la vérité n'est pas respectée avant tout.

Il est temps, maintenant, d'en venir au moyen tout spécial de décléricalisation que le gouvernement et les particuliers, d'un commun accord, devraient bien vite employer, mais auquel peu de républicains ont songé jusqu'à ce jour. Ce moyen spécial, le voici :

Je vous ai, dans le second point de la présente conférence, indiqué l'origine, en 325, du cléricalisme, et ses développements jusqu'à nos jours. Vous avez vu que le clergé surtout est l'auteur du cléricalisme. Or, il est certain que les membres intelligents, sages et consciencieux de ce même clergé, seraient mille fois plus aptes que n'importe quels laïques à démolir pièce à pièce, et morceau par morceau, tous les matériaux dont leurs devanciers ont construit le clérical édifice, aujourd'hui plus de quinze fois séculaire.

Ils le connaissent plus à fond que les laïques ; ils le détestent davantage encore, attendu qu'ils sont humiliés, indignés, outrés, d'avoir été si longtemps ses dupes et ses victimes. Donc, citoyens, ils auraient à cœur, en lui donnant le coup mortel, de montrer qu'ils étaient de bonne foi dans l'erreur, mais, qu'ayant enfin reconnu la vérité, leur devoir est de réparer, autant qu'il est en eux aujourd'hui, leurs enseignements erronés d'autrefois.

Voilà pourquoi je viens vous proposer de m'aider à lever une puissante armée ecclésiastique en faveur de notre cause anti-cléricale et républicaine. Il s'agit, citoyens, de deux mille prêtres instruits

et consciencieux, qui désirent vivement quitter les
rangs de l'ennemi pour renforcer d'autant le parti
du progrès et de la liberté. Ces deux mille prêtres
et plus se sont révélés en répondant *confidentielle-
ment* à M. N. Roussel, très-connu par ses brochures
anti-cléricales, qui s'était avisé d'adresser une circulaire aux quarante-cinq mille prêtres séculiers
de France, afin de leur montrer que leur Eglise était
en contradiction flagrante avec l'Evangile, avec
l'esprit du christianisme. Au lieu de cinquante à
soixante, ou tout au plus cent adhésions qu'il atten-
dait de ces quarante-cinq mille membres du clergé
séculier, il en reçut au-delà de deux mille, et chacun
d'eux — curé, vicaire, aumônier, professeur, etc.,
— lui disait au fond la même chose. Or, M. N.
Roussel m'a résumé leur réponse, à la fin de mars
1877, quand je lui fis visite, en ces mots :

« Oui, Monsieur, mon Eglise est dévoyée absolument de l'Evangile et du progrès. Elle s'est, par sa
prétendue infaillibilité, mise en état de ne pouvoir
plus rentrer dans le bon chemin sans se contredire
et se déjuger. Mais je me suis aperçu trop tard de
mon malheur d'être entré si naïvement dans les
rangs de son sacerdoce, esclave en tout de l'épiscopat comme celui-ci l'est du pape, et comme le
pape est à son tour l'esclave adulé, choyé, doré, du
général des jésuites, le chef absolu de cette bande
d'*hommes noirs sortant de dessous terre*, ainsi que le
dit Béranger, *moitié renards, moitié loups, et dont la
règle est un mystère*. Or, comment sortir aujour-
d'hui de ce sacerdoce ? Un prêtre abandonnant son
ministère est un paria que la société vomit de son
sein et balaie avec ignominie. Aucun noble, aucun

bourgeois, même se disant libéral et républicain,
ne voudrait m'employer comme précepteur de ses
fils, ou commis aux écritures dans le bureau de sa
maison de commerce. Ainsi, me trouvant sans
patrimoine et sans économies, il me faudrait mourir de faim, ou vagabonder sans asile en implorant
la pitié du public. Je devrais passer le reste de
mes jours à subir la calomnie et la fureur des
fanatiques croyant servir leur religion en me trai-
tant d'apostat, de renégat, de maudit ! Fournissez-
moi, Monsieur, un moyen d'existence aussi modeste
que possible et qui me donne, avec le pain quoti-
dien, l'habillement et l'abri, tout aussitôt je suis
des vôtres. Mais, autrement, j'en suis réduit à ne
pas quitter mon presbytère, afin de ne point être
arrêté comme vagabond par la police, et mis ainsi
dans l'impossibilité de faire aucun bien dans
l'avenir. »

Voilà substantiellement, citoyens, ce que deux
mille prêtres et plus répondirent à la circulaire de
M. N. Roussel, et je tiens le fait de la bouche même
de ce grand lutteur anti-clérical.

Ayant parlé de l'existence de ces deux mille prêtres à plusieurs députés et sénateurs les plus en
regard, ils me firent cette réponse :

— A qui le dites-vous ? Nous en sommes très-cer-
tains nous-mêmes. Chaque jour nous recevons des
lettres de curés, de vicaires et autres prêtres consciencieux nous suppliant de les émanciper. Or,
nous ne pouvons le faire officiellement dans l'état
actuel des choses ; mais votre œuvre arrive à pro-
pos pour nous tirer d'embarras.

Eh bien, citoyens, voici comment nous émanciperions les prêtres désireux de s'associer à moi pour décléricaliser la France.

Un tel moyen consiste à fonder à Paris, sous les yeux et la protection des deux Chambres, sous la paternelle bienveillance du Gouvernement, une imprimerie où seraient admis comme ouvriers les prêtres en question. Ils ne travailleraient des mains que les deux tiers de la journée, afin de se suffire honorablement par eux-mêmes, tandis qu'ils consacreraient l'autre tiers à de fortes études, dans le but de se dépêtrer totalement des erreurs puisées dans l'enseignement clérical du grand séminaire.

Après cette émancipation intellectuelle et morale, ils se mettraient à la disposition d'un comité central de Paris, communiquant avec les comités des chefs-lieux de départements et d'arrondissements, pour donner, jusque dans les plus petits cantons, douze conférences en six jours de la semaine, et pendant la saison d'hiver.

Les cantons d'une certaine étendue auraient deux centres de conférences, et les plus vastes trois centres. De la sorte, ils auraient tous, soit douze, soit vingt-quatre, soit trente-six conférences, ce qui nous en ferait cinquante à soixante mille pour la France entière. Au moyen de six cents conférenciers, allant trois ensemble, on aurait deux cents localités par semaine, où seraient données deux mille quatre cents conférences, ce qui ne demanderait que vingt-cinq semaines pour soixante mille conférences, où les douze mêmes répétées cinq mille fois.

Les sujets seraient les suivants :

1· La vérité, ses droits imprescriptibles, les devoirs qu'elle impose.

2· Les quatre premiers conciles généraux. Réfutation de leurs faux dogmes et des mensonges par lesquels ils ont imposé leur infaillibilité propre aux populations de leur temps.

3· Les quatre conciles suivants complétant, avec les premiers, les huit conciles généraux, tous tenus en Orient. On y relèverait les inventions mensongères de ces conciles.

4· Le célibat ecclésiastique, anti-social, immoral, anti-patriotique.

5· Les quatre premiers conciles de Latran, tous schismatiques en tant que représentant uniquement l'Occident.

6· La confession auriculaire, anti-sociale, anti-patriotique, immorale, instituée en 1215 au 4e concile de Latran.

7· Les deux conciles de Lyon, ceux de Vienne, de Constance, de Bâle, de Florence et le 5e de Latran.

8· Les deux derniers conciles, ceux de Trente, au XVIe siècle, et du Vatican, de 1869-70, ce dernier enfantant le dogme monstrueux de l'infaillibilité papale.

Après avoir dûment stigmatisé les expédients de mauvaise foi, de mensonge et de violence, employés pour asseoir et maintenir le cléricalisme, alors nous établirions les vrais fondements de la société dans trois conférences :

9. Sur la liberté, ses droits réels, ses devoirs envers autrui;

10· Sur l'égalité des citoyens et des nations elles-mêmes ;

11· Sur la fraternité de tous les hommes, de tous les peuples sans exception.

.12· Notre dernière conférence en viendrait à tirer les conclusions des onze premières. Nous montrerions le devoir strict pour l'honnête homme, et la nécessité pour les gouvernements; de se séparer de fait et de droit de l'Eglise du mensonge, essentiellement opposée aux doctrines de liberté, d'égalité, de fraternité, pour constituer la société générale, internationale et universelle des seuls amis de la vérité qui rend libres.

Nous ferions imprimer ces douze conférences pour que chaque auditeur, et les autres personnes n'ayant pu nous entendre, eussent la facilité de les lire et de s'en bien pénétrer.

Outre ces douze conférences faites une fois, deux fois et jusqu'à trois fois, dans chacun des trois mille cantons de France, il est un moyen de décléric a lisation que nous mettrions en œuvre aussitôt que notre imprimerie aurait acquis l'activité convenable Il consisterait à composer de petites brochures anti-cléricales et républicaines bien faites, bien à la por-tée des populations, et qui seraient livrées au plus bas prix possible.

Ainsi je vais vous donner un exemple.

Afin d'éclairer les parents ayant un fils qui se destine au sacerdoce, au monachisme, au célibat enfin, sur le malheureux sort qui peut devenir celui de leur enfant, est-il un moyen plus efficace et plus sûr que de leur faire arriver de petites brochures exposant, par des récits historiques de no jours, le pitoyable état auquel ont été réduits beaucoup de prêtres ou de moines, et souvent des meilleurs, entrés dans cette carrière avec des intentions droites, et n'ayant trouvé dans leurs supérieurs que des violateurs de leur conscience et de haineux persécuteurs, au lieu de conseillers paternels les encourageant au bien, les appuyant dans le chemin de la vertu, déjà tant hérissé pour eux d'amertume et de sacrifice? Est-ce qu'il est un seul père, une seule mère, assez dénaturés pour laisser leur fils s'enrôler dans le sanctuaire, après qu'ils auront lu mes mémoires en trois in-8°, dont je vais aussitôt vous parler?

Il est impossible aux lecteurs de bonne foi, lisant jusqu'au bout cette publication, de ne pas se rendre à l'évidence des faits, non pas simplement affirmés par moi, mais appuyés de documents indéniables. Ils y verront mes luttes de conscience avec mon supérieur-général d'abord, puis avec trois évêques consécutifs de Saint-Claude ayant bon nombre de leurs collègues pour complices actifs, ou du moins déniant la justice.

Après cette lecture, ils seront persuadés que la cour du Vatican, sous Pie IX, n'était pas inférieure en gredineries, astuces et violations de la conscience, à la cour d'Eugène III, au XIIe siècle, et que ce fameux *saint* Siège est devenu plus irréformable encore aujourd'hui que jadis, vu que, son titulaire étant infaillible, on ne saurait lui faire observer que son entourage a besoin de subir une réforme exemplaire. Alors, mes lecteurs sincères conclueront qu'il faut se séparer de ce siège, et pas un ne lui donnera désormais son fils, qui pourrait en être

un jour victime, ou serait, à l'occasion, réduit à lui
sacrifier sa conscience.

Comment, maintenant, arriver à l'exécution de
l'œuvre ainsi décrite, et qui changerait de fond
en comble, en peu de temps, la situation politique
et religieuse de la France?

Il faudrait évidemment que nos députés et nos
sénateurs républicains, prenant la chose au sérieux
et ne croyant pas naïvement qu'une si désirable
amélioration de notre état de choses puisse avoir
lieu d'elle-même et sans le concours de l'Etat et des
particuliers, votassent les fonds nécessaires à l'acquisition de tout le matériel de ladite imprimerie,
à son agencement convenable, au logement et au modeste mobilier des quarante ou des cinquante premiers prêtres qui se dévoueraient à l'œuvre et donneraient ainsi l'exemple à leurs confrères plus hési-
tants. Sans ressource aucune, est-ce que des prêtres intelligents essaieront de lutter contre une
association formidable et qui, sans compter ses
richesses accumulées de toutes parts et depuis longtemps, est encore annuellement subventionnée à
raison de plus de cinquante millions par l'Etat lui-
même? En vérité, ce seraient de pauvres fous! De ces
cinquante millions et plus accordés aux suppôts
du cléricalisme, ennemis acharnés du gouvernement républicain, nos Chambres, tenues de veiller
aux intérêts du pays, ne pourraient-elles, que
disons-nous? ne *devraient-elles* pas en distraire au
moins deux millions pour assurer la liberté de
conscience aux deux mille prêtres que le besoin de
vivre enchaîne au joug de l'ennemi? Ces deux millions, employés à leur procurer un instrument de

travail rémunérateur sans imposer d'autres char-
ges au pays, les mettraient en état de terrasser le
cléricalisme. Ils deviendraient les plus actifs, les
plus dévoués apôtres ou propagateurs des idées de
liberté, d'égalité, de fraternité. Le vieil adage:
« *Ex nihilo nihil fit, rien ne se fait de rien* » n'est
pas moins vrai dans les choses de l'ordre moral,
politique et social, que dans celles de l'ordre
uniquement matériel. Que nos législateurs en fas-
sent l'objet de leur principale étude, et qu'ils en
viennent bien vite à l'action !

Je suis tellement persuadé de l'efficacité du
moyen que moi, vieux prêtre, ose ici proposer au
gouvernement, que depuis 1870 je songeais à le
réaliser avec le concours des particuliers. Il m'eût
été donné depuis longtemps déjà d'en voir le succès, si « *l'Ordre moral* » ne l'avait empêché constamment *per fas et nefas*. Je la préparais, cette œuvre,
au moyen d'un journal hebdomadaire qui se trouvait déjà dans sa cinquième année d'existence en
janvier 1874, alors qu'il plut à « *l'Ordre Moral* » de
le supprimer sans m'avertir, en m'escamotant même
cent vingt-trois francs quatre centimes d'affranchis-
sement de 1,538 exemplaires d'un numéro qu'il n'a
point remis à ses 1,538 destinataires. Il me privait
aussi d'une recette annuelle de 15,380 francs, l'abonnement à mon journal hebdomadaire étant de
10 francs pour la France. Il me ruinait. De quel
droit ? Je n'attaquais pas « *l'Ordre Moral* », mais
uniquement le cléricalisme. Il a fait plus que cela,
citoyens. J'ai composé vite une circulaire afin d'apprendre à mes abonnés que le gouvernement venait
de saisir mon journal; j'ai fait partir de Neufchâtel

(Suisse) ladite circulaire. Or, « *l'Ordre Moral* » l'a saisie encore afin que mes abonnés crussent que je leur escamotais une partie de leur abonnement. Est-ce assez monstrueux de scélératesse ? Eh bien, ce n'est pas tout. Ayant continué mon journal quand même, au moyen d'abonnements recueillis en Suisse, et surtout dans notre chère Alsace, afin de m'y nuire autant que possible et faire échouer l'œuvre à laquelle je travaillais avec succès, l'évêque Nogret, de St Claude, et l'abbé des trappistes d'Aiguebelle en vinrent à confier ma correspondance, ou sa copie, à l'un des prêtres les plus effrontés menteurs et calomniateurs qui jamais aient existé dans l'Eglise apostate de la vérité, pour en faire une diatribe ignoble, en dénaturant mon langage, en inventant des faits d'une absurdité révoltante, et, cela, sans ombre de preuve. Un tel prêtre écrit dans le légitimiste et clérical journal l'*Union Franc-Comtoise*, et sous le pseudonyme de Rusticus, dont il se croit digne, opinion qu'il a de lui-même et qu'assurément je ne saurais contredire.

Un abbé Verax a répondu péremptoirement à l'abbé Rusticus, en relevant jusqu'à 24 mensonges dans treize de ses lignes. Or moi-même, à la suite de cette brutale agression du curé franc-comtois Rusticus, le sieur Morez, desservant de Baudoncourt, près Luxeuil (Haute-Saône), ai publié ma défense écrasante, intitulée : «*La Cour de Rome et les trois derniers évêques de Saint-Claude.* »

Or, imaginez-vous, citoyens, ce qu'a fait « *l'Ordre Moral* » ? Il a laissé libre cours à la calomnieuse diatribe, et il a proscrit la réponse victorieuse de l'abbé Vérax, ainsi que ma défense *La Cour de*

Rome, et les deux à la fois, le même jour, le 12 juin 1876. Mensonge, iniquité : voilà les hauts faits du cléricalisme et de ses suppôts. Par leur acharnement de vingt-cinq années de poursuites sauvages et d'odieuses calomnies contre moi, jugez de la frayeur que leur a toujours inspirée une œuvre en simple projet, dont ils sentent si bien la portée.

Il se peut que certains esprits, méfiants ou timorés, s'imaginent que l'imprimerie en question n'amènerait pas de prêtres à ses ateliers.

A mon tour je leur demanderai ce qu'ils en savent, et quel motif ils pourraient alléguer pour soutenir leur opinion.

Ignorent-ils donc que M. l'abbé Migne, ancien curé du diocèse d'Orléans, quittant sa cure, est venu fonder à Paris, au Petit-Montrouge, une imprimerie assez modeste à son origine, et qui prit bien vite un développement énorme. En la visitant, vingt années à peine après sa création, je fus stupéfait de voir ce qu'avait réalisé M. Migne. Il a, durant quarante ans et plus, occupé beaucoup d'anciens curés (50 à 60 à la fois) interdits par l'arbitraire épiscopal et sans jugement préalable.

Eh bien, pourquoi ne pourais-je aussi, par une imprimerie, émanciper les prêtres désireux de s'associer à mon œuvre et ne voulant pas être assimilés aux curés *interdits* des ateliers Migne ? Un homme intelligent apprend son casier dans une matinée ; en moins d'un mois il gagne aisément sa vie; après un trimestre il pourrait satisfaire à tous ses besoins personnels en travaillant les deux tiers de la journée au plus. Cette triple affirmation me vient de plusieurs imprimeurs, unanimes à cet égard. Ce métier est donc lucratif et facile. Il plaît d'ailleurs aux prêtres, vu qu'ils sont aptes à remplir l'une ou l'autre de ses nombreuses spécialités consistant à devenir : prote, expéditeurs, correcteurs, compositeurs, conducteurs de machines, receveurs des feuilles imprimées, correspondants, teneurs de livres, commissionnaires, metteurs en page, emballeurs, auteurs de brochures de propagande, auteurs d'ouvrages sérieux, traducteurs, rédacteurs dejournaux, plieurs, colleurs de bandes, voyageurs, placiers, colporteurs, maîtres d'atelier, concierges, etc. En outre, un atelier de brochage, et de reliure au besoin, viendrait plus tard compléter l'œuvre *émancipatrice*.

Or, me dira-t-on, d'où vous viendrait le travail? De partout. M. l'abbé Migne en était surchargé. Je connais en Belgique (à Braine-le-Comte) une imprimerie ayant un personnel considérable et ne manquant d'ouvrage en aucun temps. Pourquoi ? Parce que la main d'œuvre y est encore à plus bas prix qu'elle était chez M. Migne. A *fortiori*, que serait-ce donc chez nous ? L'état de célibataires de mes confrères, état qu'ils ne songeraient guère à modifier avant plusieurs années, permettrait d'établir nos prix encore au-dessous de ceux de Braine-le-Comte. Alors, comment serions-nous délaissés des grands éditeurs de France et d'ailleurs qui font, par économie, imprimer dans les petites localités, ne réservant pour Paris, ou pour leur capitale respective, que les éditions de luxe? Au lieu de chômer faute de commandes, notre imprimerie en serait réduite à refuser beaucoup de travaux faute de bras; c'est immanquable. Elle n'accepterait que les commandes

au comptant, qui, vu la modicité des prix, abon-
deraient infailliblement. D'ailleurs. elle imprimerait
tous les ouvrages, tous les opuscules de propagande
anti-cléricale et républicaine, écrits et publiés par
les prêtres instruits se dévouant à l'œuvre émancipatrice et réformatrice. Enfin, que les esprits méti-
culeux le comprennent bien, il ne s'agit pas ici de
réunir, dans les ateliers de l'imprimerie, à la fois
deux mille prêtres, pas même un millier. Nous n'en
aurions jamais peut-être au-delà de deux à trois
cents. Or, tandis que nous visitâmes à Vienne
(Autriche) en avril 1856, une imprimerie occupant
cinq cents ouvriers dans une ville alors peuplée
environ de 600,000 âmes, puis une autre, aux mains
des méchitaristes (bénédictins à barbe) occupant cent
cinquante ouvriers, l'on craindrait que nous ne pus-
sions avoir assez de travail pour deux à trois cents
d'entre nous dans une cité de deux millions d'âmes
et plus? Cette appréhension est puérile. — Alors,
m'objectera-t-on, que ferez-vous du surplus de vos
prêtres? — Mais je vous l'ai dit plus haut : Ils
donneraient des conférences aux populations. Puis
ils fonderaient, avec le concours des républicains
bien disposés, des paroisses indépendantes du
pape et de son épiscopat dévoyé de l'Evangile. Ils
deviendraient les pasteurs de cesdites paroisses,
pasteurs y continuant, par la parole et l'exemple
surtout, le bien commencé par les conférences.
Ainsi les prêtres mis à la tête des paroisses libérales
et chrétiennes feraient place à d'autres qui, chaque
jour, abandonneraient la fausse Eglise et viendraient,
en se constituant simples ouvriers imprimeurs,
prouver aux populations que leur conscience seule,

et non l'amour du lucre ou du bien-être et de la domination, les porte à cette abnégation de toutes les douceurs de la vie.

Après avoir dit ce que nos gouvernants, ou plutôt nos Chambres, devraient faire, il me reste à dire aussi la part que devraient y prendre avec ardeur tous les républicains dignes de ce nom.

Nos Chambres n'étant que le reflet des volontés du peuple, il faut donc que ce peuple ait soin de révéler à ses représentants ce qu'il désire, ou ce qu'il attend d'eux. Mais qu'est-ce que veut le peuple ? Il demande avant tout le bien, le juste et le vrai. Pris en masse, et sans tenir compte évidemment des malheureuses exceptions, le peuple est foncièrement honnête et droit. Son horreur du mensonge est invincible. Il faut donc que les bons républicains, instruits, amis de ce peuple honnête, aient soin de l'éclairer, de lui montrer qu'il a, jusqu'à notre époque, été livré, poings et pieds liés, aux mensonges intéressés de ses exploiteurs en tiare, en mitre, en capuce, exploiteurs que nul ne pouvait contredire impunément, témoin tout ce qu'ils ont fait durant un quart du siècle afin de me perdre et de m'enlever tout moyen de défense.

En me ruinant comme ils l'ont fait, ils m'ont mis dans l'impossibilité d'avoir assez d'avances pour faire imprimer de nouvelles publications et rééditer les anciennes, que cependant l'on juge extrêmement propres à décléricaliser les campagnes et les villes elles-mêmes. Or, ce que je ne puis faire, il serait facile aux républicains de le réaliser au prix de quelques sacrifices dont je prendrais ma grande part au moyen des remises que je ferais proportionnellement à l'importance des commandes. En répandant à profusion le présent opuscule il arriverait que le peuple, alors édifié sur la possibilité de l'œuvre émancipatrice et réformatrice expliquée, en viendrait à demander à ses commettants de la réaliser au plus tôt, vu que ce serait le meilleur moyen de tuer l'*ennemi*, le *cléricalisme*, en donnant satisfaction d'ailleurs au besoin religieux des masses. Mais si je ne suis pas suffisamment secondé, je combattrai presque isolé, par conséquent sans de grands résultats. A qui la faute ? Heureusement pour moi, je ne saurais me l'imputer. J'ai la conscience, après quinze années de voyages et de travaux continus, d'avoir accompli ma tâche autant que je l'ai pu selon mes forces. Si la presse était à la hauteur de sa mission, il y a longtemps déjà que le clergé républicain eût culbuté le clergé clérical. Mais la presse, hélas ! s'amuse. Elle préfère, en général, endormir ses lecteurs dans le *Far niente*, plutôt que de les tenir en haleine et de les pousser énergiquement à l'action persévérante, au prix de laquelle seule on vaincra l'ennemi. Je connais même un rédacteur prétendu républicain, se donnant comme tel, qui, soit que, manquant de tact, il ne s'aperçoit pas, l'étourdi ! qu'il fait le jeu des cléricaux, soit que, jésuite et pervers, il soit vendu réellement au cléricalisme, ainsi que plusieurs le pensent tout haut, je connais, dis-je, un vrai farceur ne craignant pas d'insérer dans son journal de mensongères attaques de cléricaux anonymes contre moi-même, et qui refuse opiniâtrément, malgré ses promesses, d'insérer ma réponse signée. Honte à ce rédacteur inique ! Honte à ce faux frère !

Et, maintenant, je finis en vous disant à tous :

— Voulez-vous m'aider dans mon œuvre ? Répandez donc mes brochures avec profusion. De plus, lisez mes *mémoires* pour savoir à qui vous avez à faire. Le Christ a dit : « *Mes œuvres rendent témoignage de moi.* » J'ai le droit de vous tenir, n'en déplaise aux cléricaux, le même langage.

A la condition d'être ainsi soutenu je m'offre à devenir le Spartacus de mes compagnons d'esclavage d'autrefois, aspirant à la liberté dont vous jouissez, surtout à celle de combattre avec vous, même à l'avant-garde, au poste du péril, contre l'ennemi commun que, certes, ils connaissent mieux que vous encore, et sont plus aptes à terrasser.

Si vous me placez à leur tête, alors je leur tiendrai, comme à vous leurs libérateurs, ce discours noble et généreux d'un chef vendéen, le marquis de la Roche-Jacquelin, mais cent millions de fois plus digne assurément de notre sainte cause, celle de la liberté, que de la sienne, celle du cléricalisme : son

> « Si je recule, tuez-moi !
> « Si j'avance, suivez-moi !
> « Si je meurs, vengez-moi ! »

Oui, foudroyez-moi de votre mépris, si je désertais le combat ; suivez-moi dans la lutte, et si je tombais, victime un jour d'un lâche assassin, vengez-moi, non par le fer et le sang, mais en continuant avec ardeur l'œuvre anti-cléricale et suréminemment républicaine à laquelle je me sens fier de consacrer le reste de ma vie et d'attacher mon nom.

PIERRE des PILLIERS.

www.ingramcontent.com/pod-product-compliance
Lightning Source LLC
LaVergne TN
LVHW010408060726
842526LV00005B/1566